stb 14

Erich Loest, geboren 1926 in Mittweida, Sachsen, Soldat, Redakteur der Leipziger Volkszeitung, siebeneinhalb Jahre wegen »konterrevolutionärer Gruppenbildung« in Bautzen inhaftiert, schrieb Romane und Erzählungen, bis er 1981, ohnmächtig gegenüber der Zensur in der DDR, die Ausreise in die Bundesrepublik erzwang. 1991 erhielt er den Karl-Hermann-Flach-Preis für kritischen Journalismus. Erich Loest lebt in Leipzig und Bonn.

Von Erich Loest sind bisher folgende Bücher in Zusammenarbeit mit dem Linden-Verlag, Leipzig, erschienen: »Die Stasi war mein Eckermann« und »Die Mäuse des Dr. Ley«.

Erich Loest

HEUTE KOMMT WESTBESUCH

Zwei Monologe

Steidl Verlag
Linden Verlag

1. Auflage Oktober 1992

Umschlaggestaltung: Dirk Reinartz (Foto), Gerhard Steidl
Gesetzt aus der Bembo der H. Berthold AG
Gesamtherstellung: Steidl, Düstere Str. 4, 3400 Göttingen
ISBN 3-88243-235-7

Inhalt

I

Heute kommt Westbesuch

Heute kommt Westbesuch. In vier Stunden ist Marion da, jetzt hängt sie auf der Autobahn. Steckt wahrscheinlich im Stau. Und ich war zum ersten Mal seit über einem Jahr wieder zur Arbeit. Beim letzten Besuch hatte Marion ein weinrotes Lederkostüm an, mit kurzem Rock. Heute ist es zu warm dazu, also wird sie mir etwas anderes vorführen. Ist sicherlich ein falscher Ausdruck. Marion will mir doch gar nicht imponieren. Marion stellt sich nicht morgens vor den Kleiderschrank und grübelt: Was ziehe ich bloß an, damit meine Schwägerin aus dem Osten blaß wird? Heinz hat heute morgen gesagt: Nun mach dir nicht wegen so was 'nen Kopp, Isolde. Wein, den Marion mitgebracht hat, haben wir doch noch vom letzten Mal, oder? Und unseren Elbwein hätte sie gelobt. Aber Marion hat auch gesagt: Müller-Thurgau ist das letzte. Hoffentlich paßt

Heinz auf, daß er wirklich was Frisches für den Salat kriegt. So langsam lernt er ja das Einkaufen.

Heinz hat mich trösten wollen: In ein paar Monaten kriegen wir schon wieder was für dich. Und ich hab' gesagt: als Aushilfe an 'ner Pommesbude?

Das Schlimme ist, daß ich Marion nichts von meiner Arbeit erzählen kann. Bis zur Wende war alles geheim. Ich durfte nicht mal nach dem Westen fahren, als Marions Mann sechzig wurde. Das hat mir unser Parteisekretär hingerieben: Als Genossin mußt du das verstehen! Bei dem sensiblen Bereich, in dem du arbeitest! Ich solle mal froh sein, daß ich kein absolutes Kontaktverbot hätte. Ich dürfe immerhin Westbesuch in die Wohnung lassen, er nicht. Die Dinge seien in der Entwicklung, das Reisealter werde *schrittweise* gesenkt, vielleicht. Damals war ich gerade sechsundvierzig. Und dann kam dieser Hammer: Isolde, du bist Geheimnisträgerin!

Heinz hat heute morgen gesagt: Wirst sehen, es wird ein richtig gemütlicher Abend. Wir können die Dias von unserem Besuch drüben angucken. Und ich mache den Salat genauso wie Marion, wir haben ja nun auch Olivenöl.

Marion wird von ihrer Firma reden. »Kaiser-Keramik«, seit hundert Jahren im Familienbesitz. Vor einem Vierteljahrhundert war ich zum ersten Mal dort, zum ersten Mal über den Rhein weg. Was da alles auf einen einstürmt! Auf dem Drachenfels waren wir und im Kölner Dom. Wilfried hat uns durch seinen Betrieb geführt, Wilfried, der tüchtige Bruder vom Heinz. Wilfried hat eben beizeiten die Kurve gekriegt. Ich hab' immer gedacht: Irgendwo muß doch 'ne Dreckecke sein mit Gelumpe und Goldrute und Bauschutt oder so was. Aber nein. Die zeigen her, wie sie arbeiten, keiner verbietet ihnen irgend 'was. Und ich hab' den Mund nicht aufgekriegt, als Marion gefragt hat, was ich denn gearbeitet hätte, nun sei es doch bestimmt nicht mehr geheim. Ich hab' bloß gesagt: Ach, das war Verwaltungskram, daran war überhaupt nichts Interessantes. Heute abend wird Marion über ihre Keramiklieferungen in den Osten reden, darüber, ob sie ein Zweigwerk aufmachen sollen oder bloß ein Auslieferungslager. Und ich werde dabeisitzen, die Doofe aus'm Osten.

Vielleicht werde ich sie fragen, ob es aufregend war, zum ersten Mal Oma zu werden, und ob Theres immer noch so stolz auf ihren wunderschönen Kugelbauch ist. Mehr bleibt mir wohl nicht als dieses Gerede von Frau zu Frau, von Bauch zu Bauch.

Als ich heute morgen in die Stadt kam, hab' ich gestaunt. Vor dem Hauptbahnhof sah es schon ganz manierlich aus. Allmählich bekommt er ein neues Dach mit frischen roten Ziegeln. Die Eingänge waren nicht mehr von ganz so vielen wilden Ständen mit Blumen und Zeitungen blockiert, nach und nach wird alles wieder zivilisiert. Ein paar stille Vietnamesen boten Pullover und Kassetten und geschmuggelte Zigaretten an. Ich glaub', ich bin seit sechs Wochen nicht mehr in der Stadt gewesen. Unser Leben daheim wird immer enger; bis wir frühstücken, ist es manchmal schon neun.

In meinem alten Büro war ich seit Monaten nicht, alles ist verschlossen und versiegelt worden. Vor einem Jahr hat es geheißen: Das können wir unmöglich alles auf eine Müllkippe fahren – wo bleibt der Datenschutz! Als wir heute morgen reinkamen, roch es staubig und

muffig. Einer hat sich als Uschenbach vorge-
stellt, er sei vom Wirtschaftsdezernat. Ich
kannte ihn nicht, wenigstens war es kein
Wessi. Er tat ganz munter: Wir sollten uns ein
letztes Mal in unserem Bereich umsehen, so
an die zwei Stündchen, und dann sollten wir
bescheinigen, daß nichts verändert ist. Dann
komme alles in den Reißwolf. Der würde
jeden Fetzen ratzputz auffressen. Ein junges
Ding war dabei, Fräulein Adelsberg, sie sollte
Leipzig-Stadt übernehmen, am System werde
sie ja merken, ob Lücken entstanden seien.
Jahrgang '76 sei sicherlich nicht gänzlich abge-
arbeitet, vor allem nicht die Bestellungen für
den Wartburg. Das Fräulein Adelsberg solle
nachschauen, ob die Reihenfolgen in etwa
stimmten, die Relationen von Trabant zu
Wartburg und von Skoda zu Moskwitsch. Wie
Uschenbach geredet und wie die Adelsberg
geguckt hat – da war mir klar, daß das alles
Augenwischerei war. Leipzig-Stadt war doch
unser sensibelster Bereich. Plötzlich hat die
Adelsberg gefragt, warum denn das nicht alles
schon vor einem Jahr abgeräumt worden sei,
und Uschenbach hat es ihr wie einem Schaf erklärt: Die Antragsteller hätten ja Geburts-

datum, Wohnung und Arbeitsstelle aufgeschrieben, und das fiele eben alles unter den
Datenschutz. Damit das Küken es besser
begreift, hab' ich noch gesagt, wir hätten
schließlich auch unsere Notizen beigefügt,
Pluspunkte aus gesellschaftlichen Gründen
beispielsweise, und sofort hat Pockendorf
gebellt, er als Abteilungsleiter habe derartige
Notizen kategorisch untersagt. Ich hab' gekon-
tert: Ist überhaupt nicht wahr! Aber Pockendorf blieb penetrant: Kollegin Broeker, ich
habe auf einem getrennten Begleitvorgang
bestanden! Die Krienslein hat Pockendorf
zugestimmt, und ich hab' zugegeben, daß das
vielleicht bis fünfundachtzig so gewesen sein
könnte, und dann kam Pockendorf mit diesem
Mist, daß damals die Abteilung Bezirksbe-
schaffung angegliedert worden sei. Pockendorf konnte mich schon immer verrückt
machen: Kollegin Broeker, bei einigem Nach-
denken wirst du zugeben müssen, daß ich
jederzeit…

Ich hab' abgewunken. Ich muß schließlich
nicht immer das letzte Wort haben. Das war
genau die alte Masche von Pockendorf. Gleich
nach der Wende ist er gefeuert worden, aber

nach einem halben Jahr hat er sich wieder reingeschlichen. Das krieg' ich schon noch raus, warum. Ich hab' eine Andeutung in diese Richtung gemacht, bloß eine Andeutung, da ist er sofort in die Luft gegangen. Er verbitte sich Unterstellungen dieser Art, das eben solle wohl nach Seilschaft klingen, er habe für so was ein wunderfeines Ohr. Ich hatte geglaubt, es ginge noch eine Weile mit einer gewandelten DDR weiter, effektiver natürlich, aber immer noch mit Modrow und Krenz und Markus Wolf und so weiter. Da fängt doch Pockendorf damit an, ich hätte diesen blöden Aufruf verteilt: »Für unser Land« oder wie das hieß. Und ich hätte die anderen aufgefordert, zu unterschreiben. Das hab' ich mir natürlich nicht bieten lassen. Da kommt die Krienslein damit: Ich hätte unterschrieben und ihr den Wisch gezeigt – ja, aber bloß *gezeigt*! Mehr doch nicht!

Uschenbach hat geschlichtet, wir sollten nicht Schnee von gestern aufwirbeln. Ich habe dann bloß ganz sachlich gefragt, wer denn angefangen habe, und die mickrige Adelsberg hat mir spitz reingeredet, ob es mit der Arbeit nun endlich losgehe. Mit dem *bißchen Arbeit,* hat sie gehöhnt.

Dann haben wir vor unseren Karteikästen gestanden, auch das Ekel Mannschatz war dabei, mein alter Widersacher, der für Leipzig-Land zuständig gewesen ist. Ich müßte ziemlich weitschweifig werden, um Marion zu erklären, was ich zwanzig Jahre lang von morgens bis abends am Hals hatte: Ich habe die Anträge für Personenkraftfahrzeuge aus den Landkreisen Grimma und Wurzen bearbeitet. Für die meisten der Antragsteller verschwanden ihre Formulare irgendwo bei einer Behörde und schmorten dann acht, zehn oder zwölf Jahre vor sich hin. Die Leute bekamen den Bescheid: Nachfragen zwecklos! *Bei mir* lagen die Papiere in dieser Zeit. Manchmal habe ich ein bißchen beschleunigen können, und niemand hat etwas davon erfahren dürfen. Marion ist all die Jahre einfach zum Autohändler gegangen oder hat sich einen Wagen vorführen lassen. Ich hab' das miterlebt bei meinem Besuch drüben, da hat sie ein Autohaus angerufen, und am nächsten Morgen tanzte ein Herr an und machte Vorschläge. Neuwagen oder Gebrauchtwagen oder Leasing. Ich habe dabeigesessen und habe ganz langsam zu schwitzen begonnen, erst unter den

Achseln und auf der Stirn und dann den ganzen Rücken hinunter. Ich soll Marion erklären, was ich zwanzig Jahre lang gemacht habe? Ich bringe es einfach nicht fertig, zu sagen: War alles Blödsinn. Es gehörte eben zu unserem System, das kann doch keiner begreifen, der von außen kommt. Mein Gott, wer soll mir denn zuhören!

Ich hab' bei Grimma angefangen, beim Jahrgang '80, der war vollständig. Da bin ich auf eine Idee gekommen und habe gefragt: Wenn der Begleitvorgang für Berlin getrennt geführt und an den Wirtschaftsrat vom Bezirk weitergeleitet worden ist, dann müßte er doch dort getrennt ausgesondert und ebenfalls vernichtet werden. Gleich hat Pockendorf reingequatscht, dabei hatte ich Uschenbach gefragt. Er habe das schon gegenüber Mannschatz moniert. Und Mannschatz, das Ekel, hat gequarkt, er habe Leipzig-Land immer unter dem Gesichtspunkt der doppelten Verfügbarkeit bearbeitet. Das sei auch von Berlin aus so entschieden worden, und ich müsse das wissen, denn schließlich sei ich auf einem Lehrgang in Halle gewesen. Ich auf einem Lehrgang in Halle? Wenn jemand delegiert werden sollte, dann war Mannschatz immer dagegen, daß ich oder die Krienslein fuhren, da hätten wir schließlich ihm etwas vorausgehabt. Uschenbach wollte schlichten, meinte, wir sollten so was ruhen lassen, aber Pockendorf hat nicht locker gelassen: Hier würden alte Süppchen aufgekocht, gerade er habe nie verhindert, daß die Genossin Broeker überbezirklich eingesetzt werde. Als er mich mit Genossin tituliert hat, fing die Adelsberg zu kichern an, und wieder ist Uschenbach dazwischengegangen: Wir würden keine Vergangenheitsbewältigung betreiben, sondern die Registratur ordnungsgemäß auflösen. Wenn wir alles vollständig vorfänden, sollten wir das protokollieren, basta. Und die Krienslein hat gemurmelt, sie werde nichts unterschreiben, keinen Fetzen.

Nach einer Weile bin ich auf den Vorgang VW Golf gestoßen. Von Berlin aus sind unserem Bezirk fünfzig Stück zugewiesen worden, und Pockendorf wollte sie alle für Leipzig-Stadt einsacken. Mir hat er vorgeworfen, ich wolle sie nach dem Gießkannenprinzip verteilen, drei nach Grimma, vier nach Wurzen. Ich hab' mich voll reingekniet. Pockendorf hat

sich aufgeplustert: *Aus politischen Gründen* müß-
ten sie alle in Leipzig bleiben, da würden sie
den Messebesuchern ins Auge springen:
Guckt mal, so viele Golfs rollen in der DDR!
Und die Bürger, unsere Menschen, denen wir
die Golfs zuteilten, würden ihren Messegästen
erzählen: Bitte, durch diesen Import wird das
Leben in der DDR reicher, die Lebensqualität
wächst! Ich habe gesagt: In Grimma und Wurzen wohnen *auch Menschen,* und das Ekel
Mannschatz fiel mir natürlich in den Rücken:
Das sei kleinbürgerlich. Pockendorf wollte
mich lächerlich machen: Wenn es das Gewis-
sen der Genossin Broeker erleichtere, wolle er
gern einiges aus seinem Lada-Kontingent ab-
geben, aber die Golfs blieben in Leipzig, und
wenn er deshalb bis zur Bezirksleitung gehen
müsse, notfalls bis zum Ersten Sekretär, dem
Genossen Schumann. Ich hab' das zu Hause
erzählt, Heinz hat gesagt, ich solle mir in dieser Sache nicht die Finger verbrennen, Pockendorf sei zu allem fähig.

Auf einmal hat die Adelsberg gefragt,
warum denn bei einigen Jahrgängen hinter
mancher Karte noch eine zweite stecke, eine
graue, und warum das nicht überall so sei. Ich

hab' ihr erklärt, das hänge mit meiner Perspektivstudie zusammen. Mannschatz mußte seinen Senf dazugeben, dabei war doch alles klar. Auf einmal fing er wieder damit an: Ich sei sehr wohl auf einem Lehrgang in Halle gewesen, es sei die Höhe, was heutzutage alles behauptet werde, und er lasse sich nicht ans Bein pinkeln. Da erst ist mir eingefallen, was er meinte: Ich zwar zweimal oder dreimal, also wirklich höchstens dreimal zu einer Kurzberatung in Halle, das kann doch keiner als Lehrgang bezeichnen! Ich hab' das klargestellt, aber Mannschatz hat weiter rumgemault. Ich bin vielleicht froh, daß ich diese Visage nie mehr sehen muß.

Allmählich ist mir die Adelsberg auf den Keks gegangen. Dann hat sie Anmerkungen zu Sonderbedarfsträgern B und D gefunden und gefragt, wer denn wohl Sonderbedarfsträger A gewesen sei. Als ob sich das nicht von selber verstanden hätte.

Ich hab' aber doch drei Golfs für Grimma und zwei für Wurzen rausgeschunden. Für einen Arzt, der nannte sich Verdienter Arzt des Volkes und Obermedizinalrat, für einen Genossen in Rente, der war in der Emigration und früher sogar eine Zeitlang im ZK gewesen, und für einen Kanu-Weltmeister. Für den wäre eigentlich das Referat Leistungssport zuständig gewesen, aber dort waren sie blank, oder es hat einfach keiner dran gedacht. Oder es ist von Berlin so entschieden worden. Mannschatz soll doch nicht behaupten, wir hätten wer weiß was für Spielräume gehabt! Der Kerl ist das letzte. Und die Krienslein hatte vergessen, warum wir rote Reiter auf Karten gesteckt haben, wenn Antragsteller von Wartburg auf Lada umsteigen wollten. Ladas gab's eine Zeitlang schon nach acht Jahren. Na ja, sie rosteten auch schneller. Jetzt verscheuern sie sie vor der Russenkaserne für fünfhundert oder dreihundert Mark. Das hab' ich ganz nebenbei zur Krienslein gesagt, und die wurde spitz: *Russenkaserne* hätt'ste vor drei Jahren nicht gesagt. Ich hab' gleich zurückgeknallt: Vor allem nicht zu dir! Das hat gesessen.

Ich dachte, wir könnten langsam zum Abschluß kommen, da kam Mannschatz auf eine Wahnsinnsidee. Er mache sich wegen des Begleitvorgangs in der Abteilung Materialregistratur Gedanken. Was wäre denn, wenn unsere Berichte bei der Stasi gelandet seien!

Wir seien doch bestimmt ein Bereich gewesen, für den sich die Stasi interessiert habe. Bei unserer Geheimhaltungsstufe! Und was denn nun wäre, wenn wir hier alles bis auf den letzten Schnipsel vernichteten und plötzlich seine Berichte, die er an die Materialregistratur beim Rat des Bezirks gegeben hätte, in den Stasi-Akten auftauchten. Wäre doch möglich, daß unsere Meldungen weitergeleitet worden seien, oder? Und dann hieße es auf einmal, er, Mannschatz, wäre Inoffizieller Mitarbeiter der Stasi gewesen! Gott sei Dank hat Uschenbach einen glänzenden Einfall gehabt: Wenn Mannschatz IM gewesen sei, müsse er ja eine Verpflichtungserklärung unterschrieben haben. Aber Mannschatz hat nicht lockergelassen und kam mit dieser irren Idee: Bei uns sollte nicht alles vernichtet, sondern ein Kernbereich erhalten werden. Ich war vielleicht platt. Kernbereich! Ich hab' sofort gefragt, was das denn sein solle, da kam er ins Schlingern. Dann meinte er, vielleicht sollten wir die Jahresabschlüsse oder die Perspektivberichte ans Ministerium aussondern. Damit hätten wir eine Woche zu tun, so Pockendorfs Meinung, und da hatte er ausnahmsweise mal recht.

Da ist mir was eingefallen, und ich hab's gesagt: Was ist denn nun, wenn jemand der Stasi über unseren Krach wegen der VW Golfs berichtet hat! Da sind doch verdammt harte Worte gefallen: politisch blind, kapitulantenhaft, kleinbürgerlich. Möchte überhaupt mal wissen, wer aus unserer Abteilung an die Stasi gepfiffen hat. Vielleicht frage ich doch mal, ob ich dort 'ne Akte habe. Heinz meint, dazu gebe es keinen Grund. Mal sehen.

Und dann bin ich auf die Karte von Armin Machte gestoßen. War aus Naunhof, so'n Speckiger mit Lederjacke und Schnurrbart. Ich hab' die Krienslein gefragt, ob sie sich an den erinnere, da meinte sie, das sei vielleicht in dem Jahr passiert, als sie nicht dagewesen sei. Ach ja, hab' ich gesagt, da warst du auf Parteischule, und von ihr kam dann giftig zurück: Auf Parteischule war ich erst *nach* dir! Machte, das war der, der viertausend Mark auf meinem Schreibtisch liegengelassen hat. Machte wollte 'nen Wartburg Tourist. Den kriegten allenfalls Künstler, kinderreiche Ärzte und natürlich auch mal einer vom Sonderkontingent A. Machte war Übungsleiter von 'ner Fußballmannschaft, Kreisklasse oder so was, Motor

Belgershain, glaub' ich. Machte meinte, er müsse immerzu Trikots und Schuhe hin und her karren. Ich hab' ihm geduldig erklärt, daß ich ihm nicht die geringste Zusage machen könne, die Parameter stimmten einfach nicht, außerdem betrage die Wartezeit dreizehn Jahre. Es kann sein, daß ich gesagt habe, ich würde alles noch einmal prüfen; ich wollte den Kerl einfach loswerden. Der hat sich bestimmt eine halbe Stunde hier rumgedrückt, und als er endlich gegangen war, lag da ein Umschlag, und in dem steckten viertausend Mark.

Ich hab' das Ding mit spitzen Fingern angefaßt und bin sofort zu Pockendorf. Wir beide sind zur Kaderleitung und haben den Parteisekretär dazugeholt. Dort haben wir ein Protokoll gemacht. Ich hab' mich voll abgesichert. Und dann ließen wir den Kerl antanzen, und der jubelt: Endlich ist mein Geld wieder da, ich dachte schon, ich hätte es irgendwo verloren und kriege es nie wieder. Dann hat er noch reihum Westzigaretten angeboten und gefragt, ob er zehn Prozent Finderlohn für'n Vietnamfonds spenden darf. Wir waren alle platt vor so viel Frechheit. Machte hat von mir einen *schwarzen* Reiter auf seine Karte gekriegt. Das hieß: Der konnte auf seine Zuteilung warten, bis er schwarz wurde. Ja, und heute fährt er GTI oder BMW. Dieser Typ, Schnurrbart und Lederjacke, so einer läßt den Ellbogen raushängen, Radio auf volle Pulle und dann mit Karracho durch die Stadt. Und gegen 'nen Baum. Und beschimpft unsereinen womöglich noch als rote Socke. Ist doch so.

Nach einer Stunde wollte die Adelsberg 'ne Pause machen und sagte spitz: Ist doch alles nur Augenwischerei, was wir machen. Und Mannschatz, das Ekel, brüllt, diese Kartei sei ein Stück unserer Identität. Uschenbach fragt, ob das denn nicht ein bißchen hochgegriffen sei. Mannschatz bleibt dabei: Wer von außen komme, könne das gar nicht beurteilen. Immerhin, wenigstens habe nicht ein Wessi den großen Rand, aber wer wie das Fräulein Adelsberg gerade von der Schule komme, solle gefälligst still und bescheiden sein. Die Adelsberg hat nichts begriffen und gejubelt, gleich sei der Bestelljahrgang neunundsiebzig dran, 112 Trabis und 42 Wartburgs für Leipzig-Stadt! Und dann hat sie höhnisch angefügt: Den Sozialismus in seinem Lauf hält weder Ochs noch Esel auf. Dabei hat sie Honecker nachmachen wollen: Solismus…

Plötzlich ist Pockendorf an die Decke gegangen: Fräulein Adelsberg, ich bitte mir Respekt vor dem Alter aus. Und dann schreit er: Das hier ist mein Lebenswerk! Ich denke, der kriegt 'nen Herzschlag. Lebenswerk! Marion würde sich an den Kopf greifen. Lebenswerk! Plötzlich haben alle gleichzeitig geredet, und ich habe in aller Ruhe gesagt: Kollege Pockendorf, wenn du das doch früher mal so gesehen hättest, als ich meine Perspektivstudie angefangen habe zum Beispiel. Wer wollte denn von der Hand in den Mund leben, sich einfach so durchwursteln! Das warst doch du! *Du* hast gegen mich intrigiert! Das hab' ich dem vorgeknallt, glasklar. Und die Krienslein hat gesagt, damals sei sie nicht da gewesen, sie war nämlich auf Parteischule, und die Adelsberg neugierig: Gibt's die Studie noch? Der ekelhafte Mannschatz meinte, die sei aufzutreiben, wenn man nur wolle, und er sagte wieder: *Die Genossin* Broeker, also ich, hätte bestimmt nicht das geringste Interesse dran, und ich hab' mir das nicht gefallen lassen: Genosse Pockendorf, hast du mir nicht mit 'nem Parteiverfahren gedroht? Und die Krienslein wollte unterschreiben und abhauen, das sei doch alles ein Affentheater.

Ich weiß noch genau, wie das gewesen ist. Pockendorf hat mich vor die Parteileitung gezerrt. Ich hätte ohne seinen Auftrag gehandelt und mir für meine Studie Informationen auch aus anderen Bereichen verschafft, aus solchen, für die ich nicht zuständig sei, zum Beispiel von Leipzig-Stadt und vom Kreis Döbeln. Und dann kam sein Hammer: Es sei eine Ungeheuerlichkeit, ich hätte nämlich behauptet, in der nächsten Zeit würde die Zahl der Leute *zunehmen,* die auf Antrag in die BRD ausreisen. Und ob ich wohl Statistiken der DDR benutzt hätte oder vielleicht Lügenmeldungen des Deutschlandfunks. Dann hat er meine Studie auf den Tisch geknallt: Ich hatte errechnet, na, ein bißchen sicherlich auch geschätzt, daß im Jahr 2000 die Wartezeit für den Trabant neunzehn und für den Wartburg zweiundzwanzig Jahre betragen würde. Ich habe meine Studie verteidigt: Ich habe auf die Bevölkerungskurve hingewiesen, auf starke Jahrgänge, auch auf die Tatsache, daß Neunzigjährige ihre Anträge auf die Urenkel umschreiben ließen, und dann diesen Vorschlag gemacht, daß einen Antrag nur derjenige stellen darf, der eine Fahrerlaubnis vorweisen kann. Sofort hieß es, ich würde die Kraft der Arbeiterklasse unterschätzen und verhöhnen; im Gegenteil, wir würden schrittweise die Lieferzeiten senken, Importe wie die zehntausend Golfs aus Wolfsburg würden keine Ausnahme bleiben. Das *war* aber die Ausnahme, es war Jahre her und nicht mehr als ein Tropfen auf den heißen Stein. Pockendorf hat meine Studie einen Wisch genannt und verlangt, daß ich sie zurückziehe. Er hat mir mit einem Parteioder einem Disziplinarverfahren gedroht. So war das und nicht anders.

Dann hat Heinz angerufen und gefragt, wie lange es noch dauere, wir könnten uns an der Hauptpost treffen und dann mal für ihn nach Schuhen sehen. Die Krienslein hat gesagt: Herr Uschenbach, ich unterschreib' jetzt und mache die Mücke. Das sei wunderfein, hat Uschenbach erwidert, er habe schon die Formulare vorbereitet. Es sei also alles vollständig in ihrem früheren Gebiet, nichts sei weggekommen? Da sülzte wieder der blöde Mannschatz über seinen Kernbereich, der erhalten werden solle, denn er wolle nicht eines Tages als Stasispitzel dastehen und dann nichts in der Hand haben, um das Gegenteil beweisen zu können. Er werde nur mit Vorbehalt unterschreiben und bestehe auf einem Duplikat. Nun wurde sogar die Krienslein laut: Das kannst du dir an den Hut stecken, das kannst du dir an die Wand hängen oder sauer einlegen. Ich habe unterschrieben und zu Uschenbach gesagt, die Zusammenarbeit mit ihm sei kurz, aber erfreulich gewesen, und die Adelsberg hab' ich abfahren lassen: So jung wie Sie möchte ich noch mal sein. Das hieß natürlich: so dumm. Pockendorf wurde plötzlich sentimental: Isolde, wie alt warst du, als du hier angefangen hast? Und er hat dieses Lied gekrächzt: »Wir sind jung, die Welt steht offen, oh, du schöne, weite Welt!« Das hat der Leipziger Rundfunkchor gesungen. »Unser Sehnen, unser Hoffen…« Der Chor unter Nationalpreisträger Sanderling.

Mit der Krienslein bin ich die Treppe runter, zum letzten Mal, und hab' gefragt, ob sie etwas in Aussicht habe. Sie wolle sich umschulen lassen, habe auch schon mal als Verkäuferin ausgeholfen. Nach meiner Perspektivstudie von damals hat sie gefragt, und ich hätte mich fast wieder aufgeregt. Kein Vertrauen in die Kraft der Arbeiterklasse! Weil die Lieferungen von Lada zurückgegangen waren – das hatte ich natürlich eingebaut –, würde ich die Freundschaft zur großen sozialistischen Sowjetunion verleumden. Solchen Quatsch haben Pockendorf und dieser miese Mannschatz in die Debatte gebracht. Widerlich!

Die Krienslein ist dann Richtung Leuschnerplatz zur Straßenbahn gegangen und ich hier herunter in den Park. Hab' noch Zeit, ehe ich Heinz treffe, und das ist gut so.

Auch der Krienslein hab' ich nicht verraten, daß ich meine Perspektivstudie eingesteckt habe. Heimlich unter den Pullover und dann auf der Toilette noch unters Hemd. Daheim lese ich sie mir in aller Ruhe durch. Vier Jahre ist das erst her, daß ich geschrieben habe: Unter Berücksichtigung der Vervollkommnung der Einheit von Produktivkräften und der ständig wachsenden materiellen, geistigen, politischen und ideologischen Ansprüche unserer werktätigen Menschen stellt die Versorgung gerade von Personenkraftfahrzeugen in Hinblick auf die Propaganda seitens der

BRD einen unverzichtbaren, ja, letztlich im Wettbewerb der Systeme... Das soll ich geschrieben haben? Das hab' ich geschrieben. Marion muß mich doch für verrückt halten. Ausgerechnet diese Präambel hat Mannschatz gelobt.

Ich gehe mit meinem Mann Schuhe kaufen, und dann schaue ich mir an, was er für's Abendbrot besorgt hat. Wir fahren nach Hause, Heinz legt sich noch ein bißchen hin. Immerzu legt er sich in der letzten Zeit ein bißchen hin. Und dann kommt Marion, und ich frag' nach dem Bauch von Theres, und Heinz fragt nach dem Stau auf der Autobahn. Wir essen Abendbrot, und dann machen wir es uns ein bißchen gemütlich.

Immerhin hab' ich festgestellt, daß immer weniger Antragsteller Ladas wollten. Steht hier. War beinahe kühn, das zu formulieren. Pockendorf hat ein Faß aufgemacht: Verächtlichmachung der sowjetischen Freunde. Und jetzt schmeißen die Leute die verrosteten Dinger in die Felder. Meine berühmte Perspektivstudie – vielleicht stecke ich sie morgen früh in die Mülltonne.

Wenn kein Wunder geschieht, war das der letzte Arbeitstag meines Lebens. Vielleicht werde ich nun dick? Vielleicht laufe ich in fünf Jahren in diesen weiten Schlabbersachen rum und schwitze bei jedem Treppensteigen, vielleicht stinke ich unter diesem Wallezeug? Noch ein Kilo mehr, noch weniger Bewegung. Warum gehen Heinz und ich nicht jeden zweiten Tag schwimmen? Kann sein, von jetzt an werde ich dick.

Und ausgerechnet heute kommt Westbesuch.

II

Ich hab' noch nie Champagner getrunken

Ich hab' noch nie Champagner getrunken. Meine Nachfolgerin hat mir die Flasche geschenkt, genauer: Sie hat sie mir im Namen des Kollegiums überreicht. Nach vierundvierzig Jahren im Schuldienst. Ich war Neulehrer, bestand die erste Lehrerprüfung, die zweite, dann wurde ich stellvertretender Schulleiter, war mehr als zwanzig Jahre lang Schulleiter und wurde zurückgestuft, weil mein Sohn nach dem Westen abgehauen ist. Natürlich war ich Genosse. Dann kam die Wende, von Vorruhestand ging die Rede, aber mich haben sie nicht fortgelassen, weil es weit und breit keinen anderen Musiklehrer gab. Nun ist das Schuljahr zu Ende, vor vier Wochen wurde ich fünfundsechzig. Nicht blitzblatz weggeschickt, sondern feierlich verabschiedet. So.

Nun werd' ich Champagner trinken. Der Korken kommt leicht, werde aufpassen, daß ich keinen Tropfen verspritze. Krimsekt kenne ich natürlich, Rotkäppchen war gar nicht schlecht. Mit dem Westgeld kam Henkell trokken, nun Champagner. Riecht schon mal gut. Und perlt. Und schmeckt.

Was verstehen wir denn von Wein. Wir kannten Balkanfeuer, Hemus und Natalie, allenfalls Meißner Domkeller. Nun Laurent-Perrier, klingt nach was. Wir waren ein Bierland und wußten nicht mal, wie schlecht unser Bier war. Nach Norden zu tranken sie auch Korn. Hanne liebte Bowle. Ich glaub', sie wäre über Champagner genauso verblüfft wie ich. Seit sie tot ist, hat hier keiner mehr eine Bowle zusammengerührt. Prost, Hanne.

Jetzt denke ich wieder dran, und als ich vor ihrem Sarg stand damals, hab' ich gedacht: Jetzt weiß bloß noch ich von der verfluchten Geschichte. Ihr hab' ich davon erzählt, an irgend jemanden mußte ich mich anlehnen. Meine Eltern haben es natürlich gewußt. Und Bremer hat es gewußt. Ich mußte meinen Druck mit Hanne teilen. Und ich wollte Hanne nicht belügen. Junge Liebe und Heirat mit zweiundzwanzig, Hals über Kopf, wie viele gleich nach dem Krieg, da sollte es nur Vertrauen geben.

Und Bremer. Ich hab' ihn nicht erkannt nach dreißig Jahren, aber er mich. Er war kleiner geworden, fand ich, einen Bauch hatte er und miese Zähne. Da saß ich mit ein paar Kollegen an der Kriebsteintalsperre, es war ein strahlender Tag. Wir wollten noch Motorboot fahren oder auch nicht, da trat er an unseren Tisch und sagte: Entschuldigung, sind Sie Herr Steinbruck? Gernot Steinbruck? Ja, antwortete ich und wartete, daß er weiterredete. Sein Gesicht verzog sich, ein Lächeln war es wohl nicht, ich habe lange nachgedacht, wie man es nennen sollte. Schmerz war darunter, vielleicht Hohn. Ein Grinsen war es aber auch nicht. Da sagte er: Hirschbaude. Wir haben uns angeschaut und kein Wort mehr geredet. Ich wußte: Hirschbaude in Schlesien am Nordhang des Eulengebirges – in einem Schießlehrgang der Hitlerjugend im Frühjahr dreiundvierzig sollten wir das Scharfschützenabzeichen erwerben und irgendwelche Scheine ausgestellt bekommen, so daß wir Prüfungen abnehmen dürften. Dort hatte alles angefangen, und der Mann war dabeigewesen. Drei Tage später ist mir sein Name eingefallen: Bremer, wahrscheinlich: Rolf. Aber da kann ich mich irren. Oder Hans.

Er hat kurz die Brauen gehoben, dann ist er weitergegangen, zwischen den Tischen hindurch. Es kann sein, daß einer meiner Kollegen gefragt hat, wer denn das gewesen sei und was es mit Hirschbaude auf sich habe, und vielleicht habe ich gesagt, das wisse ich nicht. Wir sind noch Motorboot gefahren; niemand hat gemerkt, welcher Schreck mir in die Knochen gefahren war. Da lebte also noch einer, der das mitgemacht hatte und sich erinnerte, er war davongekommen wie ich. Und die meisten am Tisch oder vielleicht alle waren Genossen gewesen, auch Keßler. Den haben wir später wegen Fragebogenfälschung aus der SED geworfen.

Ich hatte gehofft, daß alle von damals in der Bundesrepublik lebten – so war es für mich am einfachsten. Da war nun doch einer in der DDR, Bremer, er war aufgetaucht an diesem Sommertag und wieder verschwunden, er würde nicht reden. Aber der Schreck hat ein Jahr lang gedauert. Ich weiß nicht, ob ich Hanne von dieser Begegnung erzählt habe, wahrscheinlich nicht.

Ist richtig, daß ich den Champagner aus einem Stielglas trinke und nicht aus einer Schale. So bleibt die Kohlensäure besser zusammen. Jetzt steigt immer noch ein Perlfaden auf. Ich halte die Nase drüber.

Die Rede vorhin hat mir gefallen. Es ist heutzutage nicht leicht, Reden zu halten. Die alten Versatzstücke sind kaputt: sozialistische Heimat, Treue zur Deutschen Demokratischen Republik, unverbrüchlich der großen Sowjetunion verbunden. Ganz früher war noch Stalin drin, dann der Genosse Walter Ulbricht, ein Gedicht von Weinert oder Becher – jetzt macht sich Sarah Kirsch sehr gut. Vierundvierzig Jahre hätte ich der Erziehung der Jugend gewidmet, unbeirrt, vielfältiger Wechselfälle zum Trotz – und niemand hat zugegeben, daß alles eine riesige Pleite war, daß wir Margot Honecker nicht zum Teufel gejagt haben, daß wir Lehrer eine feige Bande von Anpassern gewesen sind, ich auch, auch ich. Niemand hat meinen Titel zitiert: Verdienter Lehrer des Volkes. Gernot Steinbruck noch anderthalb Jahre nach der Wende im Dienst, heute Pensionär mit gut tausend Mark im Monat. Prost Gernot. Es hätte ganz zum Schluß alles noch übler ausgehen können.

Manchmal denke ich: Wenn es nun, wie es immer hieß, *gesetzmäßig* verlaufen wäre, wenn der Sozialismus gesiegt hätte und der Kapitalismus verfault wäre, wenn wir, die Sieger der Geschichte, wie wir uns immerfort genannt haben, in die zusammengebrochene Bundesrepublik einmarschiert wären, ob wir dann wohl auf Internierungslager verzichtet hätten. Wir marxistisch-leninistischen Revolutionäre wußten doch, daß man den bürgerlichen Staatsapparat zerschlagen müsse. Parteiführer, Generäle, Millionäre und Wirtschaftshäuptlinge hätten wir hinter Stacheldraht gebracht, ebenso Emigranten, sicherlich auch Sarah Kirsch, die Verräterin, Edzard Reuter von Daimler und Weizsäcker und Lafontaine und Grass und meinen Sohn Hartmut, und dann hätten wir alles mit unseren Leuten sozialistisch aufgebaut. Macht sich kaum einer bewußt, hier nicht und drüben nicht. Wäre ein verblüffendes Argument, wenn hier jemand jammert, daß uns die Westdeutschen übern Tisch ziehen.

Ja, Keßler haben wir ausgeschlossen. Lehrer durfte er dann auch nicht mehr sein. War auf dem Bau, hat sich nach Berlin davongemacht, wo ihn keiner kannte. Seine Frau wollte nicht mit – kann sein, daß die Ehe in die Brüche gegangen ist. Die Sache war sonnenklar: Keßler ist mit achtzehn in die NSDAP eingetreten. Er hat das alles geschildert und war völlig ruhig dabei, er wußte schließlich, wie das Verfahren enden würde. Dann wurde diskutiert, und ich habe gesagt, niemand von uns würde ihm die Mitgliedschaft bei den Nazis vorwerfen, ich selber sei ja Jungvolkführer gewesen, aber er habe *die Partei belogen.* Alle sagten: Du hast die Partei belogen. Ich wollte eben Lehrer werden damals, hat Keßler angefügt und, hätte ich das gedurft neunzehnhundertsechsundvierzig? Das nicht, hatten andere eingewendet, aber zwei Jahre später vielleicht. Konntest du nicht warten? Die braune Mitgliedschaft war nicht mehr so gravierend, aber er hatte *die Partei* belogen, und als wir alle dieses Wort aussprachen: *die Partei,* da schwang etwas wie Heiligkeit mit, als schauten Bebel und Liebknecht aus den Wolken auf uns runter. Wir haben die Hand gehoben: einstimmig für Ausschluß. Ich hab' mich bei diesem Verfahren weder hervorgetan noch zurückgehal-

ten, ich hab' meinen Diskussionsbeitrag gelei-
stet, berechenbar und zuverlässig. Ich hab'
auch nicht aufgemuckt, als sie mich neunzehn-
hundertachtzig als Schulleiter abgelöst haben.
Hartmut, unser Sohn, hatte sich über Jugoslawien nach dem Westen davongemacht, und
ich hatte nicht nachweisen können, von seinem Plan nichts gewußt zu haben. Es sah eine
Zeitlang sogar danach aus, als hätte ich ihn
unterstützt. Dafür hätten sie mich einsperren
können. Wegen Beihilfe zur Republikflucht.
Oder wenigstens, weil ich ein geplantes Ver-
brechen, das mir bekannt geworden war, nicht
angezeigt hatte. Da spielte es keine Rolle, ob
man miteinander verwandt war. Der Vater
mußte den Sohn anzeigen, die Mutter die
Tochter. Das wissen wir doch alle.

Im Wehrertüchtigungslager Hirschbaude
hat angefangen, was erst heute endgültig vorbei ist. Aus der SED können sie mich nicht
werfen, denn die gibt es nicht mehr, und in der
PDS bin ich nicht drin. Aus der Schule können
sie mich nicht schmeißen, denn ich bin entlas-
sen, und sie ist nun ganz anders; jetzt wird
gefragt, ob einer der Stasi geholfen hat, das ist
der springende Punkt. Wir sind Bundesrepu-

blik, jetzt gelten sowieso andere Maßstäbe. Aber in mehr als vierzig Jahren DDR saß mir dieses Messer an der Kehle. Heute trinke ich darauf: Jetzt könnte ich mich auf den Markt stellen und brüllen: Ich war in der Waffen-SS. Ich werde mich hüten.

Die Narbe unter dem Arm ist verblaßt. Die Blutgruppennummer hat mir im Westerwald ein Arzt wegoperiert, er hat mir sechs andere kleine Verwundungen zugefügt und eine richtige unten an der Hüfte, und während er das alles mit ein bißchen örtlicher Betäubung hingeschnipselt hat, kam er von seinem Scherz nicht los, es würde noch überzeugender wirken, wenn er mir einen Finger amputiere, und welcher es dann meiner Ansicht nach sein solle. In einem Magazin habe ich mich umgezogen, aus dem Waffen-SS-Mann wurde ein Marineinfanterist. In Hemd und Jacke hab' ich Löcher gefetzt, von einer der kleineren Wunden hab' ich das Pflaster abgerissen, um an ein bißchen Blut zu kommen. Hat dann alles ganz echt gewirkt. Die Amis waren nach Mitteldeutschland hinein vorgestoßen, sie wollten einfach nicht zu uns in dieses Dorf hinaufkommen und uns gefangennehmen. Da kriegte ich

Angst, ein Werwolftrupp oder eben Waffen-SS könnte uns noch einmal in den Kampf jagen. Ich ging hinunter an die Straße, amerikanische Panzer fuhren vorbei, die Männer, die aus den Luken schauten, wiesen mir die Richtung. An einer Kreuzung stand ein Posten, der schickte mich auf eine Wiese. Dort hockten Landser auf ihren Rucksäcken.

In Hirschbaude hat es angefangen, da warben ein Untersturmführer und ein Oberscharführer für ihre Truppe, das taten sie suggestiv und intensiv: Die Waffen-SS sei die beste Kampfeinheit der Welt, ausgerüstet mit den neuesten Waffen, hervorragend ausgebildet, Elite. Sie sparten nicht mit abfälligen Bemerkungen gegenüber allen anderen Waffengattungen; wenn die SS endlich Jagdflugzeuge habe, würden sie die alliierten Bomber vom Himmel fegen, und wer habe denn immer wieder den Iwan zum Stehen gebracht? Nun werde eine neue Waffen-SS-Division aufgestellt mit dem verpflichtenden Namen »Hitlerjugend«, sie werde mit Panzern der Typen »Panther« und »Tiger« ausgerüstet, und für die Panzergrenadier-Regimenter würden Scharfschützen gebraucht, natürlich. Die Division werde auf den Einsatz im Westen getrimmt, irgendwann würden ja Amis und Tommies und Kanadier den Atlantikwall knacken wollen. Die Division »Hitlerjugend« werde den Gegenstoß führen und die Burschen ins Meer schmeißen. So, wer wolle dabeisein?

Ich bin fast sicher, daß sich Bremer als erster gemeldet hat. Einer bestand darauf, er müsse seinen Vater fragen, der sei General der Artillerie, es gebe eine Familientradition vom Alten Fritz her, und er wolle ebenfalls Artillerist des Heeres werden. Artillerie gebe es bei der Waffen-SS natürlich auch, wurde entgegnet. Dann unterschrieben noch zwei, die hatten sofort dienstfrei und konnten sich in der Kantine Nachschlag holen. Das war schon was, wir hatten doch ständig Hunger. Bei der Waffen-SS sei die Grundausbildung härter, hieß es, aber die bessere Ausrüstung schien verlockend, und es konnte einem nicht passieren, daß man nach vierwöchiger Ausbildung als Infanterist in einem desolaten Haufen irgendwo im Osten verheizt wurde. So war es einigen aus der Klasse über mir ergangen. Ich hab' ohne Skrupel unterschrieben. Es ist wahnwitzig, wie eine Unterschrift, die man als Siebzehnjähriger leistet, ein Leben lang auf einem lasten kann. Heute ist das nun alles vorbei. Darauf gieß' ich mir jedenfalls noch einmal ein. Ist schon seltsam, fünfundsechzig mußte ich werden, um zum ersten Mal Champagner zu trinken.

Wenn ich mir Mühe gebe, kommen mir die Lieder wieder ins Ohr, die wir damals gesungen haben. Es ist an die zehn Jahre her, da kam ich im Musikunterricht darauf – wieso? Wahrscheinlich war in einem Film marschierende Wehrmacht gezeigt worden, und die hatte gesungen: »Es zittern die morschen Knochen.« War natürlich Blödsinn, das hatte ich den Schülern klarmachen wollen. In der Wehrmacht und auch in der Waffen-SS waren gefühlstriefende Schnulzen beliebt: »Nach der Heimat geht mein heißes Sehnen.« Könnte ich wahrscheinlich noch alle Verse durchsingen. Oder: »Einsam sinkt die Sonn' am Himmelszelt. Eine Amsel…« – »Einsam« oder »langsam«? Den Schülern hatte ich solche Lieder am Klavier vorgespielt und vorgesungen. Die hatten ungläubig und auch widerwillig zugehört. Sie wollten es *so* nicht wissen. Für sie hieß es: Faschistischer Raubkrieg. Die Sowjet-

46

union hat uns befreit. Daß in unserer Stadt zuerst die Amerikaner einmarschiert waren, hörten sie eventuell von ihren Eltern, im Unterricht kam es nicht vor. Ich spielte und sang: »Kehr' ich einst zur Heimat wieder, früh am Morgen, wenn die Sonn' aufgeht.« Ich sah mich in dieser Kaserne um den Platz marschieren, die Ausbilder brüllten: Lauter! Ich war kein Spanienkämpfer in den Internationalen Brigaden gewesen, war ja auch zu jung dazu, hatte nicht gesungen: »Spaniens Himmel breiten ihre Sterne über unsern Schützengräben aus.« Das geht dann mit Heimat und Ferne weiter; weiß nicht, ob da nicht auch Mädchen vorkommen. Und nun hörten diese DDR-Kinder den Genossen Schulleiter singen, der noch ein paar Musikstunden gab, um nicht aus der Übung zu kommen. Das Parteiabzeichen am Revers, wie immer, vierzig Jahre lang. Als ich aufhörte, hat ein Mädchen versonnen gesagt: Klingt ja alles gar nicht so schlimm, und ein anderes hat gekichert.

Nicht, daß sich auf diesem Schießlehrgang alle zur Waffen-SS gemeldet hätten. Manche mußten sich anhören, sie liebten wohl Deutschland und seinen Führer nicht gehörig.

Einer saß vornübergebeugt und schüttelte den Kopf und sagte: Nein, nein. Ihn fragten der Untersturmführer und der Oberscharführer, warum er sich nicht melde, was er denn für Vorbehalte oder auch nur Fragen habe. Aber er schüttelte weiter den Kopf und beharrte: Nein, nein. Er war klein und schwächlich. Damals legte die Waffen-SS keinen Wert mehr auf Männer, die nicht mindestens einssiebzig waren. Dazu müßte man heutigen Schülern erklären, daß einssiebzig damals so viel war wie heute einsachtzig. Ich war einsachtundsechzig.

Plötzlich hörten die Werber auf, zehn hatten unterschrieben, vielleicht war das ihre Norm pro Einsatztag. Abends haben dann manche von uns heiß diskutiert und ihre Unterschrift verteidigt.

Auf meiner Champagnerflasche steht: Laurent-Perrier. Domaine de Tour-sur-Marne. Brut L. P. Brut heißt trocken, soviel weiß ich immerhin. L. P. – keine Ahnung. 12 Prozent Alkohol, eine Dreiviertelliterflasche. Also nicht allzuviel für einen einzelnen älteren Herrn. Prost, Herr Steinbruck. Wohl bekomm's!

Wenn ich an die Verabschiedung denke: Ein paar meiner Kollegen haben mich bestimmt beneidet, vor allem die, die bisher Geschichte und Staatsbürgerkunde unterrichtet haben, Deutschlehrer auch. Manche Russischlehrer schalten ja rasch auf Englisch um. Aber wer bisher Lenin rühmte, ist übel dran. Wer erklärt hat, Neutsch sei ein bedeutender Schriftsteller und muß nun Uwe Johnson loben, sollte auf sein Rückgrat aufpassen. Bei Musik geht es ja noch. »Die Himmel rühmen des Ewigen Ehre«, haben wir gesungen und werden sie weiter singen. Daran habe ich lange nicht mehr gedacht, aber hinten im Hirn war's aufbewahrt. Auf dem Koppelschloß der Waffen-SS stand: »Unsere Ehre heißt Treue.«

Wenn's rausgekommen wäre in all den DDR-Jahren, hätten sie mich zuerst gefragt, ob ich etwas mit KZs, mit Juden zu tun gehabt hätte. Reinen Herzens hätte ich sagen können: Nicht die Spur. Wir sind ziemlich lange ausgebildet worden, weil es immer hieß, die Schützenpanzer, die für uns vorgesehen waren, kämen morgen oder nächste Woche und wieder nächste Woche. Zweimal war ich im Einsatz: Ohne diese Dinger, ich weiß beim besten Willen nicht mehr, wie der Typ hieß. »Caesar«? Oder war's ein Frauenname? Wir sind eines Nachts eingesetzt worden, weil Amerikaner durchgebrochen waren, um Gefangene zu befreien. Es war ein wirrer Schlamassel, die Amis kamen zwar bis zu diesem Lager, aber der Rückweg wurde ihnen verbaut. Wir hockten an einer Straßenkreuzung, der erste Panzer fuhr auf eine Mine, die ihm eine Kette zerriß, durch Alleebäume stieß er ins Feld, dort schossen sie ihn mit Panzerfäusten zusammen. Der zweite Panzer machte kehrt und wurde am Heck getroffen, er brannte sofort. Ich glaube, da ist keiner rausgekommen. Ich hab' mit meinem Sturmgewehr auf die beiden Lastwagen geschossen, die nun festgekeilt standen, ich hab' Angst gehabt, es war ja mein erster Einsatz. Im Schein der brennenden Panzer haben wir die Gefangenen zurückgeführt, es waren an die zwanzig, und die Toten gezählt. Sechs. Vielleicht ist einer durch mich gestorben. Wenn mir eines anzulasten ist, dann dieser eine Tote. Nie ist das zum Problem gemacht worden: Du hast an der Front Polen, Franzosen, Serben, Russen, Amerikaner oder Engländer totgeschossen, totgebombt, mit deinem Flammenwerfer verbrannt, im Meer ersäuft. Den geschlagenen deutschen Soldaten und ihren Müttern und Frauen war das wohl nicht auch noch zumutbar.

Den zweiten Kampf habe ich auf den Höhen nordöstlich von Remagen überlebt. Da hatte sich der Brückenkopf längst ausgeweitet, er sollte eingedellt werden, ihn wirklich zu beseitigen wäre eine irrwitzige Idee gewesen. Aber ein General hatte noch ein paar hundert Mann und Granatwerfer und Geschütze und drei Panzer. Vielleicht befahl der Führer persönlich unseren Angriff auf den Höhen des Siebengebirges an der Grenze zum Westerwald. Im Morgennebel griffen wir so an, daß uns die Jabos nicht aufspüren konnten, die Panzer hielten sich an einem Waldrand, wir blieben dicht hinter ihnen. Wir, zwei Kompanien der Waffen-SS, stürmten natürlich im Zentrum. »Wenn alle untreu werden, so bleiben wir doch treu« – die Waffen-SS hatte es sich zu ihrer Hymne erkoren. Wir mußten dann doch aufs Feld hinaus, dort erwischte uns die Artillerie. Ihre Granaten lagen vom ersten Schuß an in unseren Schützenketten. Die Amerikaner mußten einen hervorragenden Beobachter in einem der Häuser auf der anderen Seite des Feldes haben, er ließ das Feuer mit höllischer

Präzision wandern. Das Getreide stand gerade eine Handbreit hoch, dicht aufgegangene Saat. Einer unserer Panzer fuhr nun quer, es war eine heroische Tat, uns abzuschirmen, dem riß eine Granate den Turm weg. Da endlich brüllten unsere Führer, wir sollten zurückgehen; wir sammelten uns in einer Schlucht und flohen durch dichten Laubwald und immer neue Schründe, es war deutscher Wald mit Buchen und Eichen, der Wald der Drachen, Ritter und Hexen, über den Wipfeln pfiffen die Jagdbomber, und der deutsche Wald rettete uns vor ihnen. Da war ich überzeugt, ich hätte nicht mehr lange zu leben. Wir sterben zusammen, hieß es unter uns, manche dachten wohl an einen heldenhaften, sinnlosen Selbstmordangriff. Einmal heulte ich, da futterte ich gerade eine Fleischbüchse aus, und die Tränen tropften mir auf den Löffel. Ich dachte an zu Hause und an Hirschbaude und wußte, wenn ich dort nicht unterschrieben hätte, könnte ich in Gefangenschaft gehen wie alle Landser.

Zehn Jahre später, um 1955 herum, habe ich immer wieder überlegt, ob ich nach dem Westen abhauen sollte. Dort war es kein Problem, ob einer in der Waffen-SS gewesen war.

Die HIAG hatte sich gebildet, las ich in unseren Zeitungen, die Reste der SS-Divisionen hielten Jahrestagungen ab. HIAG bedeutete »Hilfsorganisaton«, von ihr würde ich vielleicht unterstützt werden. Meine Prüfungen würden nicht anerkannt, wußte ich, ich hätte noch einmal büffeln müssen. Einerseits hatte ich zu einem gründlichen Studium Lust, andererseits wäre es natürlich belastend gewesen. Hanne mußte ihre kranke Mutter betreuen. Die Kinder waren klein – so haben wir die Argumente hin- und hergewendet, haben überlegt, ob ich erst einmal allein gehen sollte, aber ich wollte ja von Hanne und den Kindern nicht fort. Inzwischen war ich aber innerlich halbwegs das geworden, was man einen guten Genossen nannte. Ich hatte begriffen, was die Nazis den Juden, Polen und Russen und so weiter angetan hatten, ich hatte gar keine Lust, mich mit ehemaligen SS-Führern an einen Tisch zu setzen und ihre Reden zu hören und die alten Lieder zu singen. Ich hätte viel besser zu den Protestierern gepaßt, die mit Plakaten vor den Lokalen und Stadthallen standen, in denen die SS tagte. So ging ein Riß mitten durch mich hindurch. Allmählich nahm die

Angst ab, ich könnte enttarnt werden, zehn Jahre lang war ja alles gut gegangen. So dachte ich immer seltener daran, in Berlin für zwanzig Pfennige in die andere Welthälfte zu fahren. Nach dem Mauerbau war es mit diesen Überlegungen sowieso vorbei. Freilich, wenn ich den Absprung riskiert hätte, wäre ich jetzt pensionierter Studienrat, und meine Rente wäre dreimal so hoch.

Als die Mauer gefallen war, hab' ich natürlich meinen Sohn Hartmut besucht, er wohnt in Wuppertal. Da haben wir zum ersten Mal darüber reden können, was alles geschehen ist, nachdem er über Jugoslawien geflüchtet war. Ich lernte seine Frau und meine beiden Enkel kennen, und am dritten Tag hat er mich auf diese Höhe gefahren; ich habe ihm noch immer nicht erzählt, in welcher Formation ich dort gekämpft hatte. Wir fanden einen kleinen Friedhof am Waldrand, von einer niedrigen Mauer umgeben, gepflegt, ein Kreuz in der Mitte, auf den Tafeln die Namen und Geburtstage der etwa achtzig Toten, keine Dienstgrade. So konnte niemand erkennen, ob hier SS-Leute lagen – da wußte ich wieder, daß mir an diesem Tag das Leben zum zweiten Mal geschenkt worden war. Da könnte ich liegen, hab' ich gesagt, und Hartmut hat gefragt: Gäb's mich dann? Oder hätte ich einen anderen Vater? Auf diese Frage kann kein Philosoph und kein Geistlicher eine Antwort geben.

Du weißt doch, hat Hartmut am Abend gesagt, daß ich es bei euch nicht mehr ausgehalten habe? Ich wäre krepiert.

So hart hatte ich es mir nicht bewußt gemacht. Er war oft aufsässig gewesen, als Kind störrisch und wütend bis zur Weißglut, ich hatte größere Schwierigkeiten mit ihm gehabt als Hanne. Er hatte Mathematik studiert, zwischendurch war sein Zweig radikal beschnitten worden, auf einmal wurden längst nicht so viele Datenspezialisten gebraucht, wie vermutet worden war. Also ab in die Produktion, für die er nicht ausgebildet worden war, als Schichtführer, als Prellbock zwischen oben und den Arbeitern. Und das in einer Gießerei, die aus dem vorigen Jahrhundert stammte. Dort arbeiteten die Leute sechs Stunden oder vier, wie es ihnen paßte. Wer seine Norm erfüllt hatte, ging unter die Dusche. Wer achtzig Prozent geschafft hatte, verlangte, daß Hartmut ihm hundertzehn aufschrieb. Die Leiter gaben den Betrug nach oben weiter. Bei mir hat Hartmut sein Herz ausgeschüttet, und ich hab' mich auf faule Sprüche beschränkt. Einmal hab' ich ihn bestärkt, einen Brief an seinen Minister zu schreiben. Darin stand, sein Vater, Genosse seit siebenundvierzig, sei der gleichen Meinung. Das hat die Partei dann auf die Idee gebracht, ich hätte ihn angestiftet, über Jugoslawien abzuhauen.

Wer in der SED war, kennt dieses Schauspiel. Ein Exempel sollte statuiert werden. In unserem Kreis brauchten sie so was als Beweis: Wir sind wachsam! In meinem Kollegium war niemand für eine harte Gangart, aber Instrukteure gingen ein und aus; da meinten meine Kollegen, wenn sie mich nicht absetzten, würde es vom Bezirk noch viel übler kommen. Am schlimmsten erscheint mir heute: Ich hab' mich von Hartmut *distanziert.* So lautete der Begriff: sich distanzieren. Ich hab' nicht aufgetrumpft: Sollen sich doch mal die an den Kopf fassen, die Hartmut in diese verdammte Lage gebracht haben, er ist doch nicht aus Jux fort, sondern weil er die Schlamperei und Betrügerei in dieser Gießerei nicht mehr aushielt. *Dort* müsse reiner Tisch gemacht werden, wenn das geschehe, würde ich Hartmut bitten zurückzukommen. Aber statt dessen habe ich gesagt, es kann sein, ich hab' es aufgeschrieben: Ich distanziere mich von der Republikflucht meines Sohnes Hartmut. Ich hab' sogar gesagt: Ich distanziere mich von meinem Sohn. Das war hundertmal schlimmer als meine Unterschrift damals in Hirschbaude.

Christa, unsere Tochter, hat den Briefwechsel mit Hartmut aufrechterhalten, damit wir das Gröbste wußten; wo er wohnt, daß er noch einmal ein Studium aufgenommen hat und eine Stiftung das Stipendium aufbrachte, daß er mit »Sehr Gut« abschloß und nebenher noch in einer Bar als Mixer arbeitete. Dagegen hatte ich Bedenken, aber bei meinem Besuch erfuhr ich, daß es ein Spaß für ihn gewesen ist und er einmal sogar für einen ausgefallenen Cocktail einen Preis gewonnen hat. Also nichts Halbseidenes, sondern ein Studentenulk. Den Cocktail hat er mir vorgesetzt, er hieß »Steiler Eisberg«. Na, Champagner schmeckt besser.

Hanne hat unter der Trennung von unserem Sohn stärker gelitten als ich. Die Fotos der

Enkel standen natürlich überall. Als Hanne starb, durfte Hartmut nicht zum Begräbnis kommen. Damals hab' ich mich mit dem Gedanken getragen, das Parteibuch hinzu-schmeißen. Meine Erinnerung daran ist zwie-spältig, denn ich frage mich heute, inwieweit ich mich damit selber eingelullt habe. Denn ich hab's ja nicht getan, ich hab' mir vielleicht nur etwas vorgemacht, mich bewußt, also künstlich aufgeregt, um mir nicht allzu mies vorkommen zu müssen. Jeder von uns erin-nert sich gern seiner Trotzhaltungen, solcher folgenloser Aufwallungen. Die hießen dann: Damals hätte ich *beinahe*... Es ist beim lächer-lichen Beinahe geblieben.

Ich wurde als Schulleiter abgesetzt und be-kam eine Parteirüge wegen mangelnder Wach-samkeit. Ich habe die Strafe angenommen, das war auch so eine Schikane, die ich mir habe bieten lassen. Genossen, ich erkläre selbstkri-tisch... Bloß gut, daß es von dieser Sitzung kein Tonband gibt. Vielleicht sollte ich es andersrum ansehen: Es ist jammerschade, daß es nicht von *allen* Sitzungen Tonbänder gibt, die müßte man heute den Beteiligten vorspie-len, die Reden, die sie gehalten haben, die

Treueschwüre und ihren Hohn gegenüber dem Klassenfeind. Wenn es die westdeutschen Revanchisten wagen sollten... Am spannendsten wäre es, damit einen ehemaligen Funktionär der CDU aus Sachsen oder Mecklenburg zu konfrontieren, der heute für die CDU im Bundestag sitzt. Ist mir klar, was ich gerade treibe: Ich zeige auf die anderen. Jeder kennt welche, die noch mieser waren, es ist ein verbreitetes Spiel.

Manches Jahr verstrich, ohne daß es eine Kerbe hinterließ. In dem einen kriegten wir unseren Wartburg, in dem anderen als Prämie eine Reise nach Kiew. Eine Zeitlang war ich Mitglied einer Kampfgruppe. Die gehörte zum Betrieb neben unserer Schule, dem Patenbetrieb. Jedesmal, wenn ich das Koppel umschnallte, fiel mir die Waffen-SS ein, ich spürte es vorher und versuchte, die Erinnerung durch andere Gedanken zu verscheuchen – es mißlang. Einmal war ich bester Schütze unserer Hundertschaft und sollte zu einem Bezirksausscheid fahren. Die Ballerei auf den Höhen von Remagen drang bis in meine Träume, ich fürchtete, ich würde beim nächsten Mal auf dem Schießstand schreien, daß ich das Knallen nicht mehr aushielte. Um diesen Konflikt kam ich herum, meine Galle machte Schwierigkeiten. Ich dachte: Mein Körper hilft mir, die Galle ist klüger als mein Hirn. Vier Wochen lag ich im Krankenhaus, nach zwei Jahren Diät war die Sache ausgestanden. In der Kampfgruppe war ich auf Innendienst gesetzt worden, dann ließ ich mich streichen, das ging ohne viel Aufhebens. Drückeberger, die sich bis zur Kampfgruppenrente durchmogeln wollten, gab's genug.

In Wuppertal hab' ich endlich meine Schwiegertochter kennengelernt. Sie stammt aus Amsterdam. Dort waren wir zwei Tage bei ihren Eltern. Hartmut hat mich vorher gewarnt: Wie viele Holländer seien sie nicht gerade deutschfreundlich. Ob sie unter den Nazis gelitten hätten, sei nie zur Sprache gekommen. Vielleicht war es eine Grundhaltung aus kollektivem Erleben heraus, die den Deutschen eine kollektive Schuld anlastete. Es verlief höflich abtastend, und hinterher waren wir alle froh, daß es vorbei war. Ich habe Matjes und wunderbaren Käse gegessen und mir dabei vorzustellen versucht, was geschehen würde, ich hätte gesagt: Damit Sie Bescheid wissen: Ich war bei der Waffen-SS. Ich vermute, alle wären totenbleich aufgestanden und schweigend aus dem Zimmer gegangen.

Wenn ich nicht zu viel getrunken hätte, würde ich ein bißchen Musik raussuchen, Jazz, wie er nach dem Krieg gespielt wurde. Der war für uns das Gegenteil von Strammstehen und Schießen, von Handgranaten und brennenden Panzern. Armstrong und Big Ella. Ich fürchte, wenn ich jetzt aufstehe, merke ich den Champagner in den Beinen. Mehr als zwei Gläser sind nicht in der Pulle. Noch ein paar Schlucke, und ich würde noch sentimentaler werden. War eine gute Zeit, als wir auf den Tanzböden Musik gemacht haben in den Jahren nach dem Krieg: »Ich hab so Heimweh nach dem Kurfürstendamm«. Bully Buhlan und Rita Paul und Kurt Henkels in Leipzig – die haben uns sicherlich schneller und nachhaltiger vom braunen Dreck geheilt als Marx und Väterchen Stalin.

Manchmal waren wir drei, manchmal sechs, der Jüngste neunzehn und keiner über dreißig. Vom Klavier aus hatte ich sie im Griff, manchmal hängte ich mir mein Schifferklavier um, eine schwere Hohner. Die nahm mir eines

Abends ein Leutnant der Sowjetarmee ab, er war betrunken, und hinter ihm standen drei Soldaten einer Streife mit Armbinden und Maschinenpistolen. Der Leutnant war nicht sonderlich unfreundlich, aber hart entschlossen. Mit ein paar Gesten machte er mir klar, er brauche das Ding. Am tapfersten waren unsere Mädchen, die gingen dazwischen und packten ihn an den Armen und schrien. Da schoß einer der Soldaten in die Decke. Damit war die Sache entschieden.

Ich will mich auch wegen meiner Tochter Christa nicht auf den Markt stellen und brüllen: Ich war in der Waffen-SS! In ihrer Kindheit war politisch alles eindeutig, Vater in der Partei, Mutter im Frauenbund, wir alle in der Deutsch-Sowjetischen Freundschaft und Christa bei den Jungen Pionieren. Sie wurde Lehrerin und wäre es geblieben, wenn sie nicht rasch drei Kinder gekriegt hätte und ihr Mann als Arzt keineswegs auf Zuschuß fürs Haushaltsgeld angewiesen gewesen wäre. Beinahe eine Idylle war das im DDR-Getriebe. Die fuhren ans Schwarze Meer und nach Leningrad in den Urlaub, und weil ihr Mann ein As war, durfte er auch mal in den Westen auf einen

Kongreß. Fast wäre er nach Japan gekommen, aber eben nur fast. Wenn ich dem sagte: Ich war in der Waffen-SS? Der muß sich jetzt eine Praxis einrichten, der hat für was anderes als seine Schulden gar keinen Blick. Mit Christa müßte ich eine Weile reden. Sie würde mich begreifen, sicherlich. Hartmut würde sagen: Du hast mich mein Leben lang belogen. Für seine Frau und ihre Leute wäre es furchtbar.

Wem würde es nützen?

Ilona? Mann, jetzt kommst du auf einen wirklich kuriosen Gedanken. Ilona, die wilde Enkelin, achtundachtzig von der Uni geflogen und dann in allen möglichen Foren von den Feministinnen bis zum Bündnis Neunzig, auf der Wahrheitssuche mit dem Kopf gegen alle Wände und plötzlich im Landtag, im Zweifel, ob sie wieder studieren oder gleich auf die Politik setzen soll – der müßte ich das hinknallen, damit sie merkt, wir wirr das Leben läuft, damit sie nicht meint, sie habe schon alles begriffen. Immer volle Pulle gegen die PDS und die alten Hengste von den Blockparteien – Ilona?

Der letzte Schluck – unsere Enkelinnen fechten's besser aus? Das muß ich überlegen, heute nicht mehr. Vielleicht will ich bloß ihre Absolution, möchte mich wieder anlehnen wie damals an Hanne? Nicht nach einer Flasche Schampus. Wahrscheinlich ist, daß ich meine alte Geschichte mit ins Grab nehme. Sie nützt niemandem mehr, nicht einmal Ilona. Es ist mein Problem, ihres nicht.

Nun habe ich tatsächlich Champagner getrunken.